AF313854

CATALOGUE

DE

Livres anciens

A FIGURES

(XVe, XVIe, XVIIe & XVIIIe SIÈCLES)

dont un grand nombre

A FIGURES SUR BOIS

LA VENTE AURA LIEU

LE JEUDI 28 AVRIL 1892, A 8 HEURES DU SOIR

Rue des Bons-Enfants, 28, Maison Sylvestre

SALLE Nº I

Par le ministère de Mᵉ Maurice DELESTRE, commissaire-priseur, 27, rue Drouot
Assisté de MM. LECLERC et CORNUAU, libraires.

PARIS

LIBRAIRIE TECHENER

(H. LECLERC ET P. CORNUAU)

219, rue Saint-Honoré, au coin de la rue d'Alger.

1892

CHATEAUDUN

IMPRIMERIE J. PIGELET

CATALOGUE

DE

LIVRES ANCIENS A FIGURES

CONDITIONS DE LA VENTE

1° Il y aura, le jour de la vente, de deux heures à cinq heures, exposition des livres composant la vacation.

2° Les livres vendus devront être collationnés sur place dans les vingt-quatre heures de l'adjudication. Passé ce délai, ou une fois sortis de la salle de vente, ils ne seront repris pour aucune cause.

3° Les acquéreurs paieront, en sus du prix d'adjudication. 5 centimes par franc, applicables aux frais.

Nota. — MM. Leclerc et Cornuau, libraires, chargés de la vente, rempliront les commissions qu'on voudra bien leur confier.

ORDRE DE LA VACATION

N^{os} : 80 à la fin.

N^{os} : 1 à 79.

CATALOGUE

DE

Livres anciens

A FIGURES

(XVe, XVIe, XVIIe & XVIIIe SIÈCLES)

dont un grand nombre

A FIGURES SUR BOIS

LA VENTE AURA LIEU

LE JEUDI 28 AVRIL 1892, A 8 HEURES DU SOIR

Rue des Bons-Enfants, 28, Maison Sylvestre

SALLE N° I

Par le ministère de Me Maurice DELESTRE, commissaire-priseur, 27, rue Drouot

Assisté de MM. LECLERC et CORNUAU, libraires.

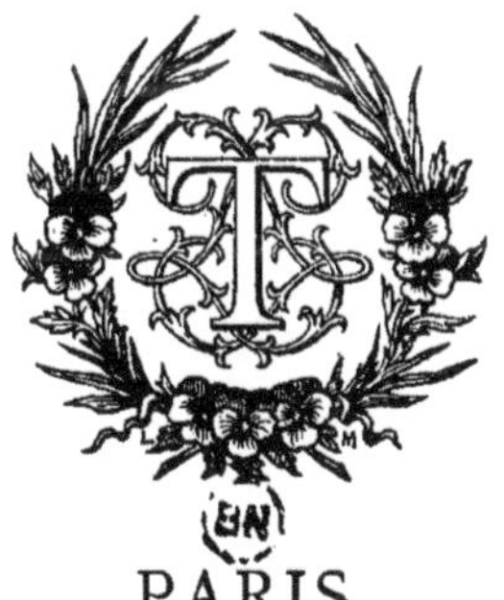

PARIS

LIBRAIRIE TECHENER

(H. LECLERC ET P. CORNUAU)

219, rue Saint-Honoré, au coin de la rue d'Alger.

1892

CATALOGUE

DE

LIVRES ANCIENS

A FIGURES

(XVᵉ, XVIᵉ, XVIIᵉ & XVIIIᵉ SIÈCLES)

---

1. **ABBRÉGÉ** de l'histoire des vicontes et ducz de Milan, le droict desquels appartient a la couronne de France : Extraict en partie, du liure de Paulus Jouius. Auec les pourtraicts d'aucuns desdicts vicontes et ducz, representez après le naturel. *Paris, Charles Estienne,* 1552 ; in-4, mar. rouge, fil., tr. dor.

Dix jolis portraits gravés sur bois, portant comme marque de graveur la double croix de Lorraine.

2. **ÆSOPI** Phrygis fabulæ elegantissimis eiconibus ueras animalium species ad uiuum adumbrantes. *Lugduni. Apud Ioan. Tornaesium.* MDLI (1551) ; in-16, fig. s. bois, d.-rel., bas.

Édition recherchée, ornée de jolies gravures sur bois. Mouillures.

3. Æsopi Phrygis fabulæ elegantissimis eiconibus veras animalium species ad viuum adumbrantes. *Lugduni. Apud Ioan. Tornaesium.* M. D. LXXX II, (1582); in-16, fig. s. bois, d.-rel., bas.

Mêmes figures sur bois que dans l'édition de 1551.

4. ALBERTI (J.-B.). L'architecture et art de bien bastir du Seigneur Léon-Baptiste-Albert, gentil-homme florentin, diuisée en dix liures, traduicts de latin en francoys, par deffunct San Martin, parisien. *A Paris, par Jaques Keruer*, 1553; in-folio, fig. s. bois, d.-rel., toile.

5. ALCIAT. Livret des emblemes de maistre André Alciat mis en rime francoyse ᶎ presente a mon seigneur Ladmiral de France. *On les vend a Paris en la maison de Chrestien Wechel.* M. D. XXXVI, (1536); pet. in-8, fig. s. bois, br. (*Mouillures*).

6. ALCIAT. Emblemata Andreæ Alciati iurisconsulti clarissimi. *Lugduni. Apud Gulielmum Rouillium,* 1548; in-8, fig. s. bois, d.-rel., chag. noir.

Premier tirage, rare, des figures.
Raccomm. aux marges du dernier feuillet.

7. AMMAN (Jost). Effigies Regum Francorum omnium, a Pharamundo, ad Henricum usque tertium, ad viuum quantum fieri potuit expressæ.

Cælatoribus Virgilio Solis noriber : et Justo Amman tigurino. *Noribergæ*, 1576 ; pet. in-4 de 64 ff., parchem. (*Anc. rel.*).

Soixante-trois portraits gravés sur cuivre avec de riches bordures. Bel exemplaire. Premier tirage.

8. AMMAN (Jost). Iconographia regum francorum. Das ist ein eigentliche abconterfeitung aller Konige in Franckreich.... durch die Kunstreiche und meitberumbte Virgilium Solis, und Iustum Amannum. M. D. XCVIII, (1598) ; pet. in-4, parch.

Jolis portraits et encadrements sur cuivre de Virgile Solis et de Jost Amman.

9. AMMAN (Jost). Cleri totius Romanae ecclesiae subiecti, seu, pontificiorum ordinum omnium omnino utriusque sexus, habitus, artificiosissimis figuris, quibus Francisci Modii singula octosticha adiecta sunt, nunc primum a Judoco Ammanno expressi : neque unquam antehac similiter editi. *Francoforti sumptib. Sigismundi Feyrabendij*, 1585 ; 2 part. en un vol. in-4.

Exemplaire complet, mais ayant besoin d'être lavé et relié.

10. AMMAN (Jost) Kunstliche Undwolgerissene figuren der furnembften Euangelien durchs gantze Jarsampt den Passion und zwoiff aposteln der gleichen vor nie in druct aussgangen. Allen und

jeden der kunst liebhbenden zu besonderm nuz und voolgefallen durch Jost Amman, burgern zu Nuremberg. *Gedruckt zu Francfurt am Mayn*, 1587 ; in-4, dem.-rel., vélin.

11. ANDROUET DU CERCEAU. Livre d'architecture contenant les plans et dessaings de cinquante bastimens tous différens pour instruire ceux qui desirent bastir.... *Paris, Benoist Prévost*, 1559 ; in-folio, de 16 pp. et 69 pl., vél. (*anc. rel.*).

Première édition.

12. ANDROUET DU CERCEAU. Livre des édifices antiques Romains, contenant les ordonnances et desseings des plus signalez et principaux bastiments qui se trouuoient à Rome du temps qu'elle estoit en sa plus grande fleur... *S. l.*, 1584 ; in-fol. de 2 ff. lim. et pl., parch. (*anc. rel.*).

Cinquante planches; Brunet n'en indique que 48. Mouillures.

13. ANDROUET DU CERCEAU. Le premier (et le second) volume des plus excellents bastiments de France. Auquel sont designez les plans de quinze bastiments, et de leur contenu.... par Jacques Androuet du Cerceau, architecte. *A Paris, Pour ledit Jacques Androuet du Cerceau*, 1607; 2 tom. en 1 vol., gr. in-folio, maroq. rouge, compart. de fil. dor., dos orné.

Exemplaire à toutes marges ; provenant de la bibliothèque de
M. Armand Bertin.

14. ANTITHESIS de præclaris Christi et indignis Papæ
facinoribus (studio Simonis Rosarii). (*Genevæ*),
per Zacharium Durantium, 1558 ; fig. — Materiæ
quædam piæ per Thomam Ruef tyrolensem. *Argen-
torati, P. Hug*, 1561 : 2 part. en 1 vol., pet.
in-8, parch.

Volume fort curieux orné de 36 jolies fig., sur bois ; il est
interfolié de cent feuillets blancs, et a servi d'*album amicorum* à
Gaspard Held, étudiant à Tubingue, en 1563 et 1564.

15. APIANUS (Petrus). Astronomicum Cæsareum :
*factum et actum Ingoldstadii in ædibus nostris anno
a Christo nato sesquimilesimo quadragentesimo*, (1540),
mense maio, gr. in-folio, cart.

Bel exemplaire d'un ouvrage très rare, contenant des figures
mobiles enluminées de l'invention de l'auteur et gravées sur bois
par le peintre Oestendofer. Très belles initiales et blasons.

16. APOPHTEGMATA symbolica per moralia et ethica
dogmata, rijthmice constructa pro quocumque
statu hominum tam ecclesiasticis, quam sæculari-
bus, apprime jucunda et proficua per A. C. Rede-
lium Belgam Mech... *Venduntur apud Johann Phi-
lippum Steudner. S. d.;* 50 planches gravées. — An-
nus symbolicus divisus in menses XII, diebus sin-
gulis dans curiosas sententias ad animum pie

recreandum, per emblemata versibus leoninis exornatus. *Augustæ. Typis Antonii Nepperschmidii. S. d. ;* pet. in-4 obl., vél.

17. APPIANI sophiste Alexandrini Romane historie proæmium fœliciter incipit : (In fine :) *Venetiis per Bernardum pictorem et Erhardum ratdolt de Augusta,* 1477 ; 2 part. en 1 vol., pet. in-fol., encadr. s. bois, dent. et fleurons, vél.

Au premier feuillet de chaque partie très bel encadrement à fond noir gravé sur bois. Exemplaire grand de marges, mais dont les derniers feuillets sont fortement mouillés.

18. APULÉE. L'Asino Doro di Lucio Apuleio filosopho platonico. Tradotto in lingua volgare dal molt'illust. sign. Pompeo Vizani nobile Bolognese. *In Venetia,* 1665 ; pet. in-8, fig. s. bois, vél.

Nombreuses figures gravées sur bois, ayant servi à une édition du commencement du XVI⁰ siècle.

19. ARIOSTE. Orlando furioso di M. Lodovico Ariosto ornato di varie figure con alcune stanze, et cinque canti d'un nuovo libro del medesimo nuouamente aggiunti, etc. *In Vinegia. Appresso Gabriel Giolito de Ferrari e fratelli.* M. D. LI (1551) ; pet. in-4, caract. itat. à 2 col., fig. s. bois, vél.

Nombreuses figures sur bois. Édition rare.

20. Arioste. Comedia di Lodovico Ariosto intitolata li suppositi (à la fin :) *Stampata in Venetia per Marchio Sessa*, 1536 ; in-12, portr., maroq. r., fil., dos orné, tr. dor. (*Niédrée*).

Sur le titre portrait de l'Arioste, gravé sur bois.

21. Audin. Fables héroïques, comprenant les véritables maximes de la politique chrétienne et de la morale avec des discours enrichis de plusieurs histoires tant anciennes que modernes, sur le sujet de chaque fable, le tout de l'invention du sieur Audin, prieur de Termes et de la Fage. *Paris*, 1648 ; 2 vol. in-8, fig. et front., parch. à recouvr.

Jolies eaux-fortes composées, dessinées et gravées par François Chauveau.

22. Baysii (Lazari) annotationes in L. II. De captiuis et postliminio reuersis : in quibus tractatur de re nauali... Omnia ab ipso authore recognita et aucta. Antonii Thylesii de coloribus libellus, à coloribus vestium non alienus. *Lutetiæ Ex officina Roberti Stephani*, M. D. XLIX (1549) in-4, fig. s. bois, parchem. (*Mouillures*).

Jolies figures, dont plusieurs portent la croix de Lorraine.

23. Beaumarchais. Théâtre. 20 pièces en 4 vol. in-8 cart.

Recueil factice des diverses éditions originales du théâtre de Beaumarchais, fait au commencement du siècle.

Suite des figures de Gravelot pour *Eugénie,* et suite des fig. de Saint-Quentin, gravée par Malapeau et Roi, pour le *Mariage de Figaro.*

24. BELLANGÉ : Ecole du soldat, titre frontispice et 17 planches lithographiées (complet). — Adam, 17 pl. — Jaime, 2 pl. — Dupré, 1 pl. — Béranger, 1 pl. — Charlet, 21 pl. — Vernet, 10 pl. — Bellangé, 3 pl. — Pruche, 2 pl. — David, 1 pl. — 2 pl. non signées. En 1 vol. pet. in-4, dos et c. de bas. verte, fil.

Soixante-dix-sept lithographies.

25. S. BENNONIS (Gewiz und approbirte historia von) | etivo. Bischoffen zu meissen | leben und Wunder zaichen... *Gedruckt zu München ben Adam Berg,* 1604, fig. s. bois. — Bericht et lither miracul vund Wunderwercken so sich in dem entwichnen 1605. Jar ben S. Bennonis hailthum in München zugetragen... *Gedruckt zu München, durch Nicolaum henricum,* 1606 ; fig. s. bois au titre. — Benedigste fleissige Danctsagung dez Lucifers und obersteu fursten der hellen. *Durch Johannen Schopffen. D.* 1605. — Kurtze Chronict oder historiche beschrenbung der Furnembsten hendel... *Zu Colln. Durch Gotfricet von kempen auff der Burgmauren* anno. M. D. LXXXVII,. (1587) ; 4 part. en 1 vol. in-4, fig. s. bois, parch.

26. BERGOMENSIS. Supplementum chronicarum. (In fine :) *Impressum autem Venetiis per magistrum Bernarding ricium de Nouaria : anno a natiuitate dni* M. CCCCLXXXXII, (1492); in-fol., fig. s. bois., ais. en bois.

Conforme à la description du duc de Rivoli. Reliure fatiguée et mouillures.

27. BERTELLIUS. Diversarum nationum habitus centum et quatuor iconibus in ære incisis diligenter expressi, s. d. (1589) ; in-8 parchem.

Soixante-quatorze planches sans titre.

28. BETBUCHLEIN, mit dem kalender und Passional auffs new corrigiert und gemehret durch. D. mart. Luther, 1554 (à la fin :) *Gedruckt zu Leipzig durch Jacobum Berwald,* 1554; in-8 goth. de 326 ff. non chiff., fig. s. bois, vél., plats couverts d'entrelacs (*rel. anc.*)

Chaque page est comprise dans un encadrement gravé sur bois ; le vol. est orné en outre de 48 figures gravées sur bois par différents artistes et représentant des scènes bibliques.
Curieuse reliure allemande du XVIe siècle.

29. BIBLIA SACRA ad optima quæque veteris, ut vocant, tralationis exemplaria summa diligentia, pariq; fide castigata. Cum indicibus copiosissimis. *Lugduni, apud Joan. Tornæsium,* 1554; pet. in-8,

fig. s. bois, ais. en bois couverts de peau de truie
à empr., fermoirs. (*Rel. du temps*).

Figures du Petit-Bernard. Bible ayant appartenu au réformateur Jean Vossius, qui en a souligné de très nombreux passages,
spécialement ceux qui lui ont paru favorables aux doctrines de
la Réformation. A la fin, Vossius donne la date de ses séjours
à Strasbourg, à Wittemberg et à Tubingue.

30. BLONDEL. Cours d'architecture ou traité de la
    décoration, distribution et construction des bâtiments ; contenant les leçons données en 1750 et
    les années suivantes, par J.-F. Blondel, architecte
    dans son école des arts (continué par Patte). *Paris.*
    Desaint, 1771-1777 ; 6 vol. — Planches, 3 vol.
    Ensemble 9 vol. in-8, d.-rel. bas.

Trois cent soixante-quinze planches : portes, balustres, vases
plafonds, serrurerie, balcons, grilles, rampes, cheminées, torchères, salle de compagnie, salon, chambre de parade, etc. etc.

31. BOAISTUAU (De). Histoires prodigieuses et mémorables, extraites de plusieurs fameux autheurs
    grecs et latins, sacrez et prophanes, divisées en
    en six livres (par Boaistuau, de Tesserant, de
    Belleforest, etc.) *Lyon,* 1598 ; gros vol. in-16,
    parch.

Nombreuses figures sur bois.

32. BOCCHII (Achillis) Bonon. symbolicarum questionum de universo genere quas serio ludebat

libri quinque. *Bononiæ in æd. novæ academiæ bocchianæ*, 1555 ; pet. in-4, fig., vél., tr. cisel.

Édition originale et rare d'un livre recherché à cause des figures de Giulio Bonasone dont il est orné. Bel exemplaire.

33. BOCKLERN (André). Nova Architectura curiosa... *Nürnberg*, 1704 ; 4 part. en 1 vol. in-fol., planches grav., vél.

Deux cent vingt-six planches (jets d'eau, cascades, bassins, fontaines, grottes, etc.)

34. BOILLOT. Nouveaux pourtraitz et figures de termes pour user en l'architecture, composez et enrichis de diuersité d'animaulx representez au vray, selon l'antipathie et contrariété naturelle de chacun d'iceulx. *Lengres, par Jehan desprey*, 1592 ; pet. in-fol., parchem.

Volume rare, contenant le portrait de Boillot et 55 planches gravées sur bois et à l'eau-forte par Boillot lui-même.

35. BOUCHET (Jean). Les Triumphes de La Noble et amoureuse Dame : Et lart de honnestement aymer, composé par le Traverseur des voyes périlleuses (Jehan Bouchet), nouuellement imprimé à Paris. *On les vend à Paris en la grand rue sainct Jaques a lenseigne du Pellican deuant sainct Yues, Mil D.XXXVI* (1536) ; in-fol. goth. de 6 ff. prél., 154 ff. chiff. et 1 ff. non chiff., bas.

Édition imprimée par Ambroise Girault, dont la marque se trouve au verso du dernier feuillet. Encadrement gravé sur bois au titre, et figures sur bois avec la marque † au commencement du deuxième feuillet.

Bel exemplaire dans sa première reliure très fatiguée.

36. BOUELLES (De). Geometrie pra&ctique, composee par le noble philosophe maistre Charles de Boue'les, et nouuellement par luy reueue, augmentee et grandement enrichie. *Prais, de l'Imprimerie de Regnaud Chaudière,* 1551 ; fig. s. bois. — Raison d'architecture antique, extraicte de Vitruue, et autres anciens architecteurs... *Paris, de l'imprimerie de Regnaud Chaudiere,* 1550 ; fig. s. bois, 2 part. en 1 vol., pet. in-4, cart.

Bel encadrement de G. Tory au titre du 1er ouvrage ; figures au trait dans le second.

37. BREUIARIUM Romanum per pulchris ymaginibus decoratum.... *Impressum Parisiis per Joannem Preuel. Anno Domini* M.D.XVIII (1518) ; pet. in-16 goth. à 2 col., caract. rouges et noirs, v. f., tr. r.

Bréviaire rare, orné de petites figures gravées sur bois. La moitié du titre, contenant la suscription, manque.

38. BULLART. Académie des sciences et des arts, contenant les vies et les éloges historiques des hommes illustres qui ont excellé en ces professions depuis quatre siècles parmy diverses nations de l'Europe, par Isaac Bullart. *Bruxelles*, 1682 ; 2 vol. in-fol., veau fauve, dos orné. (*Padeloup*).

Bel exemplaire. Deux cent soixante-dix portraits gravés à l'eau-forte par de Larmessin, de Boulonois, etc.

39. CANTIQUES et pots pourris. *Londres*, 1789 ; 6 part. en 2 vol. in-18, veau m., fil., tr, dor. (*anc. rel.*)

Joli exemplaire du bon tirage relié en deux parties, avec le second titre qui manque souvent. Frontispice et six gravures de Borel.

40. CARRACHE (A.) Ædium Farnesiarum tabulæ ad Annibale Carracio depictæ a Carolo Cæsio æri insculptæ atque a Lucio Philarchaeo explicationibus illustratæ. *Romæ*, 1753 ; in-fol., mar. roug., fil., tr. dor.

Exemplaire aux armes de Madame de Pompadour. Portrait, trente-quatre planches et nombreuses vignettes.

41. CARTARI. Les Images des Dieux des anciens, contenans les idoles, coustumes, ceremonies et autres choses appartenans à la Religion des payens. Recueillies en italien par le sieur Vincent Cartari] de Rhege et traduite en Francois et augmentees par Antoine du Verdier. *Tournon, Claude Michel*, 1606 ; fig. sur bois. — Histoire genealogique des dieux des anciens, recueillie de

plusieurs autheurs grecs et latins, par E. Laplonce
Richette. *Tournon, Claude Michel et Thomas
Soubron,* 1606 ; 2 part. en 1 gros vol. in-8, dem.-
rel. bas.

Le premier ouvrage est orné de nombreuses figures gravées
sur bois. Exemplaires courts de marges.

42. CATTAN. La Geomance du Seigneur Cristofe de
Cattan, gentilhomme geneuois... avec la roüe de
Pythagoras. Le tout mis en lumiere par Gabriel
Du Preau. *Paris, Gilles-Gilles,* 1567 ; in-4, fig. s.
bois, v. f., fil. à fr.

Le titre est compris dans un encadrement gravé sur bois. Figures d'astrologie dans le texte.

43. CAUMONT. Abécédaire ou rudiment d'archéologie
(architecture religieuse — architecture civile et
militaire), 1858-59 ; 2 vol. in-8, d.-rel. chag.
vert.

44. CHARTIER (Alain). Les faiĉtz et diĉtz de feu de
bonne memoire Maistre Alain Chartier, en son
viuant Secrétaire du feu roy Charles septiesme du
nom. Nouuellement imprime reueu et corrigé
oultre les precedentes impressions et diuisé par
chapitres pour plus facilement comprendre le
contenu en iceulx. Adiousté le débat du gras et
du maigre que n'auroit encores este imprime....
On les vend à Paris en la grand salle du Palais au

*premier pillier en la boutique de Galliot du pre
Libraire iure en Luniuersite.* ❧ *Mil cinq cens vingt
et six ;* in-fol. goth. à 2 col. de 6 ff. prél. et
124 ff. chiff., fig. sur bois, veau brun (*rel. du*
XVIᵉ *siècle*).

Bel exemplaire, très grand de marges (témoins), dans sa première reliure très fatiguée.

45. CHÉRON. Essay de pseaumes et cantiques mis
en vers et enrichis de figures par Mlle ***. *Paris,*
1694; in-8, v. m.

Portrait, front. grav. et 25 fig. Épreuves avant les numéros.

46. CHRONOLOGIE COLLÉE. Sommaire, chronologie
des Souverains Pontifes, empereurs, roys, princes,
grands seigneurs et hommes illustres, dès le
commencement du monde. *A Paris, chez Abdias
Buizard,* 1622; gr. in-fol., titre, front. et nombreux portraits grav., maroq. rouge, compart. de
fil., dos orné, tr. dor. (*Rel. anc.*)

Aux armes du baron Nicolas de Balathier-Lantage. Recueil de
20 chronologies ayant chacune un titre et un texte imprimé, le
tout collé sur papier ancien, avec encadrements gravés sur bois.
Recueil rare ainsi complet ; il contient les 144 petits portraits
gravés par Léonard Gaultier.

47. COPPER PLATE MAGAZINE (The), or Monthly
Cabinet of picturesque prints, consisting of
sublime and interesting views in Great Britain

and Ireland, beautifully engraved by the most
eminent artists from the Laintings and Drawings
of the first masters. *London, Printed for Harrisson
et C°, et Walker engraver*; in-4 obl., d.-rel. bas. verte.
60 planches gravées.

48. Costumes des représentans du peuple, membres
des deux conseils, du directoire exécutif, des
ministres, des tribunaux, des messagers d'État,
huissiers, etc., dont les dessins originaux ont été
confiés par le ministre de l'intérieur au citoyen
Grasset S. Sauveur... An IV de la République
Française, 1795, *Paris, Deroy* ; pet. in-8, br.
Titre et 15 planches en couleur.

49. Cousteau. Petri Costalii pegma, cum narra-
tionibus philosophicis. *Lugduni, Apud Matthiam
Bonhomme*, 1555 ; fig. s. bois. — Lavater : De
Spectris lemuribus et magnis atque insolitis frago-
ribus.... Ludovico Lavatero tigurino autore.
Genevæ, Apud Eustathium Vignon, 1580 ; 2 part, en
1 vol. in-8, parchem.

Première édition de la traduction latine de *Pegme* de P. Cousteau ; léger raccommodage au titre.

50. Coustumes (Les) obseruees et gardees en la
preuoste z viconte de Paris. *S. l. n. d.* (1510) ;
pet. in-8 goth. de 46 ff., non rel.
Court de marges et piqûres de vers traversant le volume.

51. CRESCENTIUS. Piero Crescientio de agricultura uulgare. (In fine) : *Impressum Venetiis die nono mensis iulii anno dni*. M. C. XIX (1519) ; in-4, fig. s. bois au trait, cart.

Cette édition renferme les bois de la première édition de 1495 à l'exception de quelques-uns remplacés par des copies ombrées. Fortement mouillé.

52. DAMHOUDÈRE. Le refuge et Garand des pupilles, orphelins et prodigues : traité fort utile et nécessaire à tous légistes, Praticiens, Justiciers et Officiers, orné de figures convenables à la matière. *Anvers, Jean Bellere*, 1567, pet. in-4 (rel. du XVIe siècle fatiguée).

Volume orné de figures gravées sur bois.

53. DANTE. Comedia del divino poeta Danthe Alighieri, con la dotta e leggia dra spositione di Chr. Landino, etc... M. D. XXXVI, (1536); *In Vinegia ab instantia di. M. Gioanni Giolitto da Trino ;* in-4 de XXVIII et 440 ff., lettre ital., fig. s. bois, vél. bl.

Édition peu commune, ornée de nombreuses figures sur bois.

54. DE LA CUISSE. Le répertoire des bals ou théorie-pratique des contredanses, décrites d'une manière aisée avec des figures démonstratives pour les pouvoir danser facilement, auxquels on a ajouté les airs notés. Par le sieur de la Cuisse, maître de danse, 1762 ; *Paris, Cailleau,* 2 tom. en un vol.,

in-8, texte gravé et musique notée, v. f., fil., tr.
dor.

Réunion de 64 contrédanses publiées séparément et formant
deux volumes entièrement gravés. Titres gravés, frontispice et
deux grandes planches repliées.

55. DELORME (D). Le premier tome de l'architecture
de Philibert de l'Orme, conseiller et aumônier ordi-
naire du Roy et abbé de St-Serge lez Angiers.
Paris, Federic Morel, 1567 ; gr. in-fol., front et
fig. gr. s. bois, parch.

Exemplaire très grand de marges ; légèrement mouillé.

56. DESCRIPTION des festes données par la ville de
Paris les vingt-trois et vingt-six février mil sept
cent quarante-cinq à l'occasion du mariage de
Monseigneur le Dauphin avec Madame Marie-
Thérèse infante d'Espagne. *S. l. n. d.* ; gr. in-fol.
texte gravé et 19 planch., bas. roug., tr. dor.

57. DOLCE. Le trasformationi di M. Lodovico
Dolce con privilegii. *In Venetia appresso Gabriel
Giolito de Ferrarie fratel. 1553 ;* in-4, vélin blanc.

Très jolies figures et titre gravés sur bois.

58. DOLCE. L'Ulisse di M. Lodovico Dolce da lui
tratto dall' Odissea d'Homero et ridotto in ottava
rima nel quale si raccontano tutti gli errori... *In*

Vinegia appresso Gabriel Giolito de Ferrari, 1573 ;
pet. in-4, fig. s. bois, parch.

Ce volume est orné d'un beau portrait de Dolce, de vingt
figures, d'encadrements, de nombreuses initiales, le tout gravé
sur bois.

59. DU BUISSON. Armorial des principales maisons
et familles du royaume, particulièrement de celles
de Paris et de l'Isle de France. *Paris,* 1757 ; 2 vol.
in-12, front. et blasons, v. marb.

Bon exemplaire d'un livre recherché.

60. EMBLESMES et devises du Roy, des princes et
seigneurs qui l'accompagnèrent en la cavalcate
royale et course de bague que Sa Majesté fit au
Palais Cardinal, 1656, recueillies et dédiées à son
Altesse de Guise, par Gissey. *S. l. n. d.*; pet. in-4
parchemin.

Un titre gravé portant en tête les armes de Guise, 1 f. pour
la dédicace gravée et 25 ff. contenant chacun une figure ovale
d'emblème avec devises, et au-dessus le nom du personnage.

61. ENCHIRIDION Christianarum precationum, ex
catholicis auctoribus collectum... in usum serenis-
simæ Renatæ Ducissæ Bavariæ, per R. P. Domi-
nicum Menginum societatis Iesu sacerdotem. Anno
Domini. M. D. L. XXXX. III, (1593); pet. in-12
mss., v. br., fil., tr. dor.

Manuscrit calligraphié avec soin pour l'usage de la duchesse

Renée de Bavière ; ornements au trait et initiales rehaussées d'or.
Court et taché.

62. ENSUYT LE KALENDRIEZ pour trouuer les iours
ferielz tant a clero que les courtz et iuridictions
tant ecclesiastique que seculiers des eueschez de
Dol, Rennes, Nantes. Sainct-Malo et Vennes.
(A la fin :) *Imprime a Rennes, par Jacques Berthe-
lot, imprimeur pour Thomas Mestrard, libraire, demourant pres la Porte Saint-Michel*, 1539 ; pet.
in-8, goth., v. br.

Incomplet des ff. q1-A1-A8-E1-H1. Les 6 derniers feuillets
sont en très mauvais état. Livre rarissime, non cité.

63. ENTRÉE. Labyrinthe royal de l'Hercule gaulois
triomphant sur le sujet des fortunes, batailles, vic-
toires, trophées, triomphes, mariages et autres
faits héroïques et mémorables de très auguste...
Henry IIII, roy de France... représenté à l'entrée
triomphante de la Royne en la cité d'Avignon le
19 Novembre l'an MDC ou sont contenus les
magnificences et triomphes dressées a cet effect
par ladite ville. *Avignon*, 1600 ; in-fol. de 244
pag., vélin, tr. dor. (*Anc. rel.*)

Exemplaire dans sa première reliure, contenant douze planches
et les portraits de Henri IV et de Marie de Médicis.

64. ENTRÉE. Le soleil au signe du Lyon, d'ou quelques
paralleles sont tirez avec... Louis XIII, Roy de

France et de Navarre en son entrée triomphante dans sa ville de Lyon. Ensemble un sommaire recit de tout ce qui s'est passé de remarquable en ladite entrée de Sa Majesté et de la plus illustre princesse Anne d'Autriche. *Lyon, Jean Jullieron,* 1623. — Réception de Louis XIII, Roy de France et de Navarre, d'Anne d'Autriche par Messieurs les Doyens, Chanoines et comtes de Lyon en leur cloistre et Église le 11 décembre 1622. *Lyon, Jacques Roussin,* 1623 ; 2 part. en 1 vol., petit in-folio, vélin, fil., tr. dor. (*Aux armes de la ville de Lyon*).

Exemplaire contenant les dix-sept planches gravées par .P. Faber et les deux parties réuuies.

65. FOLENGO. Opus Merlini Cocaii poetæ mantuani macaronicorum. *Venetiis. Apud Horatium de Gobbis,* 1581 ; in-12, fig. s. bois, vél. à recouv.

Bel exemplaire à toutes marges ; figures sur bois.

66. FOURNIER (le P.). Traité des fortifications ou architecture militaire tirée des places les plus estimées de ce temps... *Paris,* 1654 ; in-16, v. br.

Frontispice et cent dix planches. Plans de places-fortes.

67. FREGOSO. Opera noua del magnifico caualerio messer Antonio Phileremo Fregoso laqual tracta de doi Philosophi : cioe de Democrito che rideua

de le pacie di questo mondo.... *Stampata in Venetia, per li heredi de Zorzi di Rusconi. Nel. M.D.XXII,*
(1522); pet. in-8, 1 fig. s. bois, cart.

Piqûre de vers dans la marge inférieure du volume. Sur le
titre une figure sur bois.

68. FULVIUS. Illustrium Imagines (In fine :) *Impera-
torum et illustrium virorum ac mulierum vultus ex
antiquis numismatibus expressi : emendatum correp-
tumque opus per Andream Fulvium. Romæ. Iac Ma-
zochius,* 1517 ; in-8 de 120 ff., médaillons et encad.
gravés sur bois, cart.

69. GALERIE THÉATRALE ou collection des portraits
en pied des principaux acteurs des premiers théâtres
de la Capitale. Gravé par les plus célèbres artistes.
Imprimé en noir et en couleur. *Paris, chez Bance,
s. d ;* in-fol, d.-rel., veau vert.

Titre et cent huit planches finement coloriées.

70. GÉNÉALOGIES (les) et anciennes descentes des
Forestiers et comtes de Flandre, avec brièves des-
criptions de leurs vies et gestes le tout recueilli
des plus véritables, approuvées et anciennes croniques et annales qui se trouvent par Corneille
Marty zelandois et ornées de portraicts, figures et
habitz selon les façons et guises de leur temps
ainsi qu'elles ont été trouvées es plus anciens ta-

bleaux, par Pierre Balthasar et par lui-même mises en lumière. *En Anvers, chez Pierre Balthasar,* 1588 ; in-folio, de 3 ff. prél. non chiff. et 119 pag., parch.

Première édition ; trente-trois portraits, titre gravé et figures.

71. GERSON. De imitatione Christi (In fine) : *Exaratum Parisii pro Johanne Parvo, anno,* 1501 ; pet. in-8 de 96 ff. non chiffrés, signat. a.-m., v. ant., comp., empreintes, ais en bois (*curieuse reliure du temps*).

Ce volume, qui contient d'autres opuscules imprimés et manuscrits, forme un recueil très curieux. — Le livre *de imitatione christi* AVEC LE NOM DE GERSON, est suivi de ALPHABETUM DIVINI AMORIS. *Vnà cum contemplationibus beati Bernardini de Senis.* (In fine) : *Explicit Alphabetum... à magistro Ordinis Carthusiensis compositum ac novissime per quendam fratrem ordinis Minorum revisum atque correctum. Impressum Parisii a Guidone Mercatore, anno* 1499; pet. in-8 de 35 ff. non chiffrés ; la marque de J. Petit sur le titre.

Ces deux ouvrages imprimés sont précédés et suivis de parties manuscrites, de la même époque. L'écriture en est ronde, très nette, avec rubriques, et surchargées d'abréviations.

Ce recueil a été fait pour l'usage d'une religieuse d'un couvent allemand de Sainte-Claire. — La première partie, de 54 feuillets, commence par le *Rosarium in laudem sanctiss. sacramenti corporis.* Derniers mots en allemand : *in die feest vanden sacramente.* Les feuillets suivants ont pour titre : *De fonte sanctiss. trinitatis omnis jucunditas fluit in electis,* et contiennent les visions mystiques de Mechteldis.

La seconde partie, également de 54 ff., renferme la Règle de l'Ordre de Sainte-Claire, approuvée par Innocent VII, le 7 août 1406 ; le testament de sainte Claire ; une prière en allemand ;

des épitres dévotes ; et un grand nombre d'oraisons et de préceptes à la louange de la vie religieuse et claustrale.

On a collé sur le verso du titre *de Imitatione Christi* une
PLANCHE XYLOGRAPHIQUE représentant saint François recevant
les stigmates et une religieuse de Sainte-Claire agenouillée derrière le saint. On lit au-dessous une légende allemande en deux
lignes ; les marges du feuillet sont couvertes d'oraisons en
l'honneur de saint François. Cette curieuse gravure est contemporaine des premiers essais de l'art typographique. — Nous
signalerons encore une très petite gravure SUR MÉTAL collée au
verso du quatrième feuillet de l'*Alphabetum Divini amoris* (dans
le genre des *Nielles*) représentant Jésus-Christ au tombeau, avec
une inscription grecque.

72. HAMCONIUS. Martini Hamconii Frisia seu de
viris rebusque Frisiæ illustribus libri duo. Opus
ab authore recognitum, auctum, et imaginibus
Regum, potestatum, ac principum exornatum.
Franekaræ Excudebat Joannes Lamrinck, 1620 ;
pet. in-4, fig., vél.

Ce volume renferme 53 portraits des princes, rois et ducs de
Frise, gravés à l'eau-forte.

73. HÉBREU (L.) Philosophie d'amour, traduite
d'italien en francoys, par le Seigneur du Parc,
champenois. *Lyon, Guill. Rouille*, 1559 ; in-16 de
820 p. et 26 ff., parch.

Encadrement gravé sur bois au titre.

74. HERODOTI Halicarnasei libri novem. (A la fin)
Venetiis impressa per Joannem & Gregorium de

Gregoriis fratres. Anno domini M.CCCC.XCIIII die VIII Martii ; in-fol. broch.

La neuvième page est ornée du plus bel encadrement gravé sur bois qu'on rencontre dans les livres vénitiens ; il renferme trois jolies vignettes gravées au trait. Voir *Duc de Rivoli, liv. à fig. vénitiens p. 141.*

75. HEURES. Manuscrit français de la fin du xve siècle sur vélin, 219 ff., relié en velours cramoisi, tr. dor.

Ce manuscrit, orné de quatorze grandes miniatures entourées de larges bordures sur fonds d'or, a été écrit pour ANDRÉ D'ES- PINAY, cardinal de Bordeaux, archevêque de Lyon, dont les armoiries sont peintes dans chacune des quatorze bordures. Le prélat est représenté (p. 134) à genoux adorant la Sainte-Trinité.

Manuscrit intéressant par sa provenance et les jolies bordures de fleurs, d'animaux et d'oiseaux.

76. HEURES. Beau manuscrit sur vélin de la fin du quinzième siècle, de format pet. in-4, de 128 ff., relié en velours vert, tr. dor.

Beau manuscrit de l'École de Touraine, orné de douze grandes miniatures, fort intéressantes et d'une belle exécution, et de quatorze petites. Les grandes miniatures ont 190 mill. sur 130 mill. et les petites 50 mill. sur 50 mill.

Jolies bordures de fleurs et de fruits à chaque page, portant toutes le chiffre I N, sans doute les initiales de la personne pour laquelle a été fait ce manuscrit. Des armoiries (azur à la fasce d'or accomp. de 3 bezants, coquilles ou roses) se trouvent au bas d'une miniature (p 61) et sur le manteau d'un chevalier à genoux, adorant la Vierge et l'Enfant Jésus (p. 20).

Ce beau manuscrit est malheureusement incomplet des sept premiers mois du calendrier et d'une grande miniature (saint Jean l'Évangéliste).

77. HEURES. Ces presentes heures a lusaige de Rouan avec les heures de la conception : & figures & signes de lapocalipse & miracles nostre dame & aultres plusieurs nouuelles hystoires ont este imprimees pour Symon Vostre, libraire (Almanach de 1506 à 1520); in-8 de 91 ff., bas.

Exemplaire imprimé sur vélin d'un livre d'heures, non cité par Brunet ; il est incomplet du ff. E et d'un ff. à la fin. Encadrements à chaque page ; dix-huit grandes figures.

78. HOLBEIN. Icones historiarum veteris testamenti. Ad viuum expressæ extremaque diligentia emendatiores factæ, Gallicis in expositione homæoteleutis, ac versuum ordinibus (qui prius turbati, ac impares) suo numero restitutis. *Lugduni, apud Ioannem Frellonium*, 1547 ; in-4, curieuses figure sur bois, vélin anc.

Exemplaire grand de marges et bon tirage des figures.

79. HOLBEIN. Les simulachres et historiees faces de la mort, autant elegamment pourctraictes que artificiellement imaginees. *A Lyon, soubz l'escu de Coloigne*, 1538 ; pet. in-4, c. de R., fil., dos orné, tr. dor. (*Petit, suc. de Simier*).

Première édition ; exemplaire grand de marges (haut. 182 mill.), mais dont le titre est doublé et raccommodé.

80. HONTERUS (Jean). Rudimentorum cosmographi-
corum Joan Honteri Coronensis lib. III (IV),
cum tabellis geographicis. *Tiguri, ap. Proschove-
rum,* 1552 ; pet. in-8, cartes, vél. bl., ais en
bois, compart. (*Reliure du temps*).

Volume rare, contenant seize curieuses cartes géographiques.

81. HOROLOGIUM deuotionis circa vitam Christi. *S.
l. n. d.* ; in-8, goth. de 65 ff. titre compris, fig.
s. bois, cart.

Édition imprimée à Cologne à la fin du XVe siècle, ornée de
trente-six curieuses figures sur bois. L'auteur de cet ouvrage est
un frère prêcheur du nom de Berthold. Grand de marges, mais
fortement piqué.

82. HOWEL. Dendrologie ou la forest de Dodonne,
par M. Jacques Howel, gentilhomme breton-an-
glois. *Paris, chez Aug. Courbé,* 1641 ; pet. in-4 de
322 pp. et un feuillet pour le privilège, v. marb.,
dent., front et fig.

Volume rare ; roman allégorique curieux, relatif au règne de
Louis XIII ; exemplaire avec le portrait de l'auteur en pied par
Claude Mellan et A. Bosse, et avec la clef des noms de tous les
pays et personnages mentionnés.

83. HUMIÈRES. La philosophie d'amour, par le sieur
de Humières, premier gentilhomme de la chambre
du Roy. *Paris,* 1622 ; pet. in-12 de 6 ff. et 286
pag., veau jasp.

Exemplaire de M. Viollet-Leduc. Petit livre rare.

84. Iardin de santé (Le) translate de latin en françoys, nouuellement imprime à Paris. *Paris. Ph.
le Noir* (1529). — Le traicte des bestes | oy-
seaulx | poissons | pierres precieuses | du iardin
de sante. (A la fin) : *Imprimé à Paris par Phi-
lippe le Noir, s. d.,* 2 part en 1 vol. in-fol., v. br.

Le titre du premier ouvrage est remonté et en fort mauvais
état ; il manque le feuillet 155 du Jardin de Santé, et le feuillet
102 du *traicté des bêtes.* Très curieuses figures sur bois.

85. Insignium aliquot virorum icones. *Lugduni, apud
Joan Tornæsium,* 1559 ; in-8, portr., parchem.

Volume rare, orné de 142 portraits de savants, anciens et
modernes, gravés sur bois, attribués au Petit Bernard.

86. Internelle Consolation. Le liure intitule Internelle consolation nouuellement corrige. *On les
vend à Paris en la rue Sainct-Jacques a lenseigne
de la Licorne.* (A la fin) : *Cy fine le liure de linternelle
consolation nouuellement imprime à Paris, par Joland
Bonhomme demourant à la rue Sainct-Jaques a lenseigne de la licorne près les Mathurins. Et fut achevé
lan M. D. liiij le xxviij iour de may.* — Epistre ou
deuis de JesusChrist à lame devote : qui ne contient
aultre chose que diuines inspirations, lesquelles
donnent à lhomme congnoissance de foy & lui
monstrent la perfection de vraye pieté & religion.
A Paris, chez Joland Bonhomme, 1555 ; 2 part. en

un vol. in-8 goth., fig. sur bois, veau brun, fil.,
tr. dor.

Bel exemplaire dans une reliure de l'époque.

87. LAFORGE (Edouard). La Vierge, type de l'art
chrétien, histoires, monuments, légendes. *Lyon.
Scheuring*, 1864 ; in-4, fig., maroq. lavall., jans.,
dent. int., tr. dor. (*Raparlier*).

Très belle publication imprimée par Louis Perrin.

88. LA FOSSE (de). Nouvelle iconologie historique ou
attributs hieroglyphiques, composées & arrangées
de manière qu'ils peuvent servir à toutes sortes
de décorations puisqu'on est le maître de les ap-
pliquer également à des fontaines, pyramides,
cheminées, dessus de portes, bordures, médaillons, trophées, vases, frises, tombeaux, pendules,
etc., dédié aux artistes par Jean Charles de la
Fosse. *Amsterdam* (1780) ; 2 tom. en un vol. in-
fol., dem.-rel., bas.

Bel exemplaire non rogné. Deux frontispices et 103 planches.

89. LA PERRIÈRE. Le théâtre des bons engins auquel
sont contenuz cent emblèmes. *Paris de l'imprimerie de Denys Janot* (1539); pet. in-8, lett. rond., parchem. (*Anc. rel.*)

Bon exemplaire ; premier tirage des figures.

90. LA PERRIÈRE. Le miroir politique, œuvre non
moins utile que nécessaire à tous. Monarques,
roys, princes, seigneurs, magistrats et autres su-
rintendants et gouverneurs de républiques, par
Guillaume de la Perrière tolosain. *Lyon, Macé
Bonhomme*, 1555 ; in-fol. de 199 pp., fig. s. bois,
vél. à recouvr.

Édition originale de cet ouvrage curieux et peu commun.
Exemplaire d'une conservation parfaite dans sa première reliure.

91. LAS CASAS. Den Vermeerderden spieghel der
spaensche tierannije geschiet in Westindien waerin
te sien is de omnenschelijcke wreede feijten der
Spanjarden met samen de beschrijvinge del felver
lant en volken aert en nature... *Amsterdam*, 1621 ;
in-4, v.

Titre gravé ; dix-sept planches de Th. de Bry, représentant
les cruautés exercées par les Espagnols en Amérique.

92. LEBEI BATILII regii mediomatricum praesidis
emblemata. Emblemata à Jano Jac. Boissardo
Vesuntino delineata sunt et a Theodoro de Bry
sculpta... *Francofurti ad Mœnum*, 1595 ; pet.
in-4 de 72 ff. dont 2 blancs, vél.

Titre gravé, très beau portrait et 63 emblèmes finement
gravés. Brunet ne cite que l'édition de 1596. Nom sur le titre
effacé à l'encre, et quelques petites mouillures.

9 3. LECLERC (Séb.). (Calendrier des Saints). God-turugtige Almanach of Lof-Gedachtenis der Heyligen, op ijder dag vant Jaar. Gevolgt na den beruchten Sebastian Leclerc... *Te Amsterdam,* 1730.— Godturuchtige almanach of Lof-Gedachtenis der Heyligen... *S. l. n. d.;* 2 part. en 1 vol. pet. in-4, d.-rel. mar. r.

Deux titres et trois cent soixante-cinq planches en médailles gravées à l'eau-forte.

94. LIBER PSALMORUM cum rerum simulachris ad viuum nouissime elucidatus. *Parisiis, apud Petrum Regnault,* 1542. — Libri Salomonis. Proverbia. Ecclesiastes. Canticum canticorum... *Parisiis, apud Ludovicum Jouuyn,* 1543 ; 2 part. en un vol. in-16, maroq. n.

Trois figures gravées sur bois dans les *Psaumes.*

95. LIBRI de re rustica. M. Catonis, lib. I; M. Terentii Varronis, lib. III; L. Iunii Moderati Columellæ, lib. XII...; Palladii, lib. XIIII... (In fine :) *Excusa sunt hæc opera Tiguri per Jacobum Mazochium. Anno salutis* M.D.XXVIII (1528) ; gros vol. pet. in-8, veau à empr. (*Rel. du* XVIe *siècle fatiguée.*)

96. LICETUS (F.). De Lucernis antiquorum reconditis lib. sex : autore Fortunio Liceto Genvense. *Utini,*

ex typ. Nicolai Schiratii, 1652 ; in-fol. de 8 ff. prél., 640 p. à 2 col. et 14 ff. de table, vél.

Cent quinze figures gravées dans le texte et deux grandes planches. Très bel exemplaire.

97. Lignées des Roys de France. Cy s'ensuiuent les lignées des Roys de France et comment les générations sont descendues lune de lautre et comment ilz sont faillies et si parle en brief de leur faiz... *Manuscrit* du XVe siècle, sur vélin ; pet. in-4 de 45 ff., v. r., fil., tr. dor. (*Anc. rel.*)

La première majuscule est coloriée sur fond pourpre diapré d'or. Les autres initiales gothiques sont également coloriées. Ce manuscrit finit à l'avènement de Charles VIII *de ce nom, à présent régnant* ; d'où il résulte que cette chronique a été écrite vers 1484.

Les neuf premières pages, extraites des *croniques Martin et d'Orrose et des croniques de France tout au long*, contiennent une chronologie sommaire depuis la création d'Adam jusqu'à la prise de Troye, l'occupation de la Gaule par Francion et les Troyens fugitifs, la fondation des villes de Sicambrie et de LUTESSE, et autres détails historiques qui, depuis longtemps, sont relégués parmi les fables.

L'auteur indique la date de la naissance et de la mort de chaque roi, le lieu de leur sépulture et les faits les plus notables advenus pendant leur règne. On trouve dans cet ouvrage de curieuses anecdotes. Exemple : « En ce temps (sous le roi Jean) ceulx DE PARIS offrirent à lymaige de Nostre-Dame EN LÉGLISE DE PARIS, une chandelle de cire qui auoit la longueur du tour de ladite ville, pour y ardoir jour et nuyt sans cesser. »

98. Ludolphe le Chartreux. Dit es dleriem ons herren Jhesu cristi... *Antwerpen... Claes de Grane,*

1536 ; in-fol., ais en bois, couv. de veau, empr.

Édition flamande, très rare, ornée de nombreuses figures sur bois, fort curieuses.

99. LUTHER. Quinta centuria das ist das fünfft hundert der euangelischen warheit darin mit fleix beschriben wirdt der gantz handel anfang lebens und rodts des thewren Manns D. Martin Luthers... Aus. vil euangelischen scribenten züsam bracht durch F. Johan Nas. Dem M. Cyriack Spangberg... (à la fin :) *Getruckt zu Ingolstatt durch Alexander Weissenhorn anno* M.D.LXX (1570) ; gros in-8 goth., fig. s. bois et grand tableau, vél. à rec.

Nom coupé au bas du titre. Curieuses figures.

100. MAFFEI (S.) La Verona illustrata ridotta in compendio principalmente per uso de forestieri con varie agiuntte premessa in ristretto la vita del marchese Scipione Maffei. *In Verona*, 1771 ; 2 part. en 1 vol. in-8, maroq. vert, tr. dor. (*Capé, Masson-Debonnelle.*)

Très bel exemplaire ; vingt-trois grandes planches.

101. MARIETTE. Description des travaux qui ont précédé, accompagné et suivi la fonte en bronze d'un seul jet de la statue équestre de Louis XV, le bien aimé. Dressée sur les mémoires de M.

Lempereur, ancien échevin, par M. Mariette, hono-
raire amateur de l'Académie Royale de peinture
et sculpture. *Paris, de l'imprim. de Le Mercier,*
1761 ; gr. in-folio, veau marbr., fil., tr. dor.

Cinquante-neuf planches et une grande vignette de Gravelot,
gravée par Saint-Aubin.

102. MARTINET. Emblesmes royales à Louis le Grand
par le Sr Martinet, aide des cérémonies de France.
Paris, 1673 ; in-12 de 219 pag., veau brun.

Jolis emblêmes gravés sur cuivre.

103. MAVELOT. Nouueau liure de chiffres, qui contient en general tous les noms et surnoms entre-
lassez par alphabet... dédié à Monseigneur le Dauphin. *Se vend à Paris, chez l'auteur,* 1680 ; pet.
in-4, veau br.

Exemplaire bien complet sur papier fort d'un livre rare de
Mavelot ; quelques feuillets qui manquaient ont été pris à un
autre exemplaire ; ils sont plus courts et légèrement coloriés.

104. MEUNIER (Gabriel). Tresor de Sentences dorees,
Dicts, Prouerbes et Dictons communs, reduits selon
l'ordre alphabetic : Auec le Bouquet de Philosophie morale reduict par Demandes et Responces.
Paris, 1582 ; in-16, mar. gris, fil., tr. dor. (*Thou-
venin*).

Joli exemplaire, grand de marges et bien conservé, d'un petit
livre rare et très curieux.

105. MIROUER DE PENITENCE tres deuot… fait et com-
pose nouuellement en lan mil cinq cens et VII,
par celuy qui autresfoys a compille en francoys le
liure de la femme forte et le dialogue de consolation entre lame et raison. *Simon-Vostre* (*à Paris*).
— La seconde partie de ce present mirouer en
quel lame penitente fait lamentation de sa vie
vicieuse…. Ce fut fait en celerite au couuent des
fildieu. *A Paris, ce premier iour de mars. Lan
mil cinq cens et unze par frere francoys le Roy, le
plus petit et moindre de tout lordre de ladicte réformation,* (marque de Simon Vostre,) 2 part. en 1 vol.,
in-8, goth., veau br. (*Rel. de l'époque*).

Bel exemplaire réglé, d'une parfaite conservation.

106. MISSAL. monasticum scm morem ꝛ ritum Casi-
nensis congregationis scte Justine cum multis
missis de nouo additis. *S. l., n. d.,* in-8, goth.
à 2 col., lett. rouges et noires, fig. s. bois, d.-rel..

Treize grandes figures, vingt et une bordures et nombreuses
vignettes, le tout gravé sur bois. Exemplaire incomplet du dernier feuillet ; grand de marges, mais raccommodé et quelques
piqûres de vers.

107. MODIUS (F.). Pandectæ triumphales, sive pom-
parum et festorum ac solennium apparatuum, etc.
quæ in inaugurationibus, nuptiis et funeribus im-
peratorum regum principumque celebrata sunt,

tomi duo. *Francofurti ad Mænum*, 1586 ; 2 part.
en un vol. in-fol., veau marb., fil., dos orné, tr.
r. (*Belz-Niédrée*).

Volume recherché à cause des figures de Jost Amman ; il contient la grande planche des Tournois. Piqûre de ver raccommodée aux premiers feuillets.

108. MOLINET (du). Le Cabinet de la bibliothèque
Sainte-Geneviève. *Paris*, 1692 ; in-folio, 45 pl.,
v. m.

Curieux livre, qui contient une foule de documents sur les antiquités, la religion, les pierres gravées, les poids et médailles, etc.

109. MONNIER (Henry). Album, in-4 obl., d.-rel.
chag., pl. toile.

40 planches. Petites misères humaines. Petites félicités humaines. Scènes de mœurs. Péchés capitaux, etc. Lithographies non coloriées.

110. MONTEREGIO. Epytoma Joannis de monte regio
in almagestum ptolomei. (A la fin :) *In hemis-*
pherio Veneto : Anno salutis, 1496 ; in-folio, fig.
s. bois., vél.

Au recto du troisième feuillet un encadrement et une figure gravés sur bois « une des plus belles productions de la xylographie vénitienne à cette époque. » (DUC DE RIVOLI, *Bibliographie des livres à fig. venitiens*).

111. MOREAU LE JEUNE. Suite de 146 figures, dont
33 portraits, pour illustrer les œuvres de Voltaire,

en 1 vol. in-4, dos et c. de maroq. r., non rog.

Seconde suite de Moreau, publiée par Renouard. Tirage in-4º. Belles épreuves à toutes marges.

112. NAUSEA (Frederici) Blanci campiani, eximii LL. doctoris, inclytæ ecclesiæ Moguntinæ à sacris concionibus eminentiss. libri mirabilium septem. *Coloniæ, apud Petrum Quentell.* Anno. M.D.XXXII (1532) ; in-4 de 6 ff., prél. et 76 ff. chiff., fig. s. bois, vélin bl.

Nombreuses planches représentant les prodiges commentés par Nausea. Au feuillet LXIX un grand bois très singulier : *Typus cometæ, qui hoc anno post Christ. natum M. D. XXXI. apparuit.*

113. NOSTRADAMUS. Les propheties de Michel Nostradamus. Dont il y en a trois cents qui n'ont encores iamais esté imprimées. Adioustées de nouueau par ledict Autheur. *Lyon par Benoist Rigaud,* 1568 ; 2 tom. en un vol. in-16, parch.

Édition rare, contenant dix centuries.

114. OBSEQUENT (Jules). Des prodiges plvs trois liures de Polydore Vergile sur la mesme matière, traduits de latin en français par George de la Bouthière, Autunois. *A Lyon, par Jan de Tovrnes,* 1555 ; in-8, fig., dos et coins m. vert, tr. dor.

Ouvrage recherché pour ses jolies gravures sur bois.

115. OBSÉQUENT. Julii Obsequentis prodigiorum liber. M. D. XXCIX, (1589) '; *apud Ioan. Tornæsium Typogr. Reg. Lugd.*, in-16, fig. s. bois, cart.

116. OFFICIUM beatæ Mariæ Virginis. Nuper reformatum. Et Pii V. Pont. max. iussu editum. *Parisiis. Apud Societatem Typographicam*, 1610 ; gr. in-8, fig. de Messager, gravées par Léonard Gaultier, maroq. r., fil. à compart., dos orné aux pet. fers, dent. int., tr. dor. (*Rel. anc.*)

Trente jolies figures de Messager, gravées par Léonard Gaultier. Le volume se termine par un *Petit formulaire de devotes prières* et les *Quinze effusions de sang de Nostre Seigneur.*
Bel exemplaire, reliure ancienne parfaitement conservée.

117. ORI APOLLINIS Niliaci de sacris notis et sculpturis libri duo, quibus accessit versio recens per Io Mercerum concinnata et observationes non infrugiferœ. *Parisiis, Iac. Kerver (excudebat G. Morelius)*, 1551 ; pet. in-8, fig. s. bois, parchem.
Rare.

118. OVIDE. Publii Ovidii Nasonis Sulmonensis metamorphoseos librorum XV opus auctum et recognitum. (In fine :) *Excusum Lugduni in edibus Antonii Blanchard, anno a Virginis Partu.* 1527 ; pet. in-folio à 2 col., fig. s. bois, d.-rel., vél.

Mouillures.

119. OVIDE. Trois premiers livres de la métamorphose d'Ovide, traduictz en vers françois, le premier et le second par Cl. Marot, le tiers par B. Aneau. *Lyon, Macé Bonhomme,* 1556 ; in-8, fig. et encadrem. s. bois, bas., tr. r.

Exemplaire dont les manchettes sont rognées.

120. OVIDE. La Metamorphose d'Ovide, figurée. *Lyon, Jean de Tournes,* 1557 ; in-8, parch.

Premier tirage des figures du Petit Bernard. Incomplet du titre.

121. OVIDE. Johannis Posthii Germershemii tetrasticha in Ovidii Metamorph. lib XV, quibus accesserunt Vergilii Solis figurae elegantissimae et iam primum in lucem editae. (A la fin) : *Impressum Francofurti, apud Georgium Coruiuum, Sigismundum Feyerabent et hæredes Wigandi Galli,* 1563 ; in-8 oblong de VIII ff. lim., 178 ff. et VI ff. non chiff., cart.

Exemplaire incomplet du titre et des ff. 69 et 139. Le feuillet A-2 de la fin porte un raccommodage enlevant du texte. Premier tirage des figures de Virgile Solis.

122. OVIDE. Les XV livres de la Métamorphose d'Ovide, poete treselegant, contenants l'Olympe des histoires poetiques, traduits de latin en françois (par Fr. Habert). *Paris, Hierosme de Marnef,* 1580 ; in-16, fig. s. bois, vél. à recouvr.

Édition ornée de 178 figures gravées sur bois, copies exécutées avec la plus grande perfection des figures du *Petit Bernard*, ornant les éditions de J. de Tournes, de la métamorphose d'Ovide figurée.

Bel exemplaire.

123. OVIDE. P. Ovidii Nasonis amorum libri tres de medicamine faciei libellus : et nux infinitis pene erroribus e manuscriptis exemplaribus emaculati. (In fine :) *Venetiis in ædibus Ioannis Tacuini de Tridino, anno. M. D. XVIII*, (1518), *mense Ianuario*, in-fol., fig. s. bois, cart.

Bel exemplaire, encadrement au titre; trois bois ombrés, lettres ornées.

124. PALMERIN D'ANGLETERRE (Le premier livre du preux vaillant et très victorieux chevalier), filz du roy dom Edoard, traduit de castillan en françois par maître Jacques Vincent du Crest Arnauld en Daulphiné. *Lyon, Thibault Payen, 1552.*—Le Second livre... *Lyon, Thibault Payen, 1553* ; 2 part. en 1 vol. in-folio, veau br., tr. dor.

125. PAPILLON. Traité historique et pratique de la gravure en bois, par J.-M. Papillon, graveur en bois. *Paris, P. G. Simon,* 1766; 2 vol. — Supplément, 1 vol. — Ens. 3 vol. in-8, br., non rog.

126. PARADIN (Cl.). Quadrins historiques de la Bible et Quadrins historiques de l'Exode. *Lyon, Jean*

de Tournes, 1553 ; 2 part. en 1 vol., pet. in-8, fig. s. bois, mar. r., fleurons, dent. int., tr. dor. (*Chambolle-Duru*).

Premier tirage des figures attribuées au *Petit Bernard*. Exempl. court de marges.

127. PARADIN (D). Devises heroïques par M. Claude Paradin, chanoine de Beaujeu. *A Lyon, par Jan de Tournes et Guil. Gazeau*, 1557 ; in-8 de 261 pp., fig. s. bois, cart.

Première édition. Exemplaire fatigué ; mouillures.

128. PATTE. Monuments érigés en France à la gloire de Louis XV, précédés d'un tableau du progrès des arts et des sciences sous ce règne, ainsi que d'une description des hommes et monuments de gloire accordés aux grands hommes, tant chez les anciens que chez les modernes. *Paris*, 1765 ; in-fol., mar. roug., fil., tr. dor.

Aux armes de Louis XV ; reliure de Vente avec son étiquette sur le feuillet de garde ; cinquante-sept grandes planches, un plan et une planche ajoutés.

129. PELOPONNESO (Esatta notitia del) volgarmente Penisola della Morea divisa in otto provincie descritte geograficamente... adornato di quantita di figure in rame. *In Venetia*, 1687 ; pet. in-4, parch.

Ce volume renferme un frontispice, une grande carte de la Morée, quatre grandes planches et des figures dans le texte, le tout gravé à l'eau-forte.

130. PHALESIUS. Paradiso musicale, di madrigali et canzoni a cinque voci di diversi eccellentissimi autori. Nouamente raccolti da P. Phalesio & posti in luce. *In Anversa nella stamperia di Pietro Phalesio*, 1596 ; 5 part. en un vol. in-4, oblong, musique notée, dem.-rel., vélin.

Recueil rare, surtout avec les cinq parties réunies. Il manque . le feuillet de table à la cinquième partie.

131. PICTA POESIS. Ut pictura poesis erit. *Lugduni apud Mathiam Bonhomme*, 1552 ; petit in-8, vél. blanc.

Joli exemplaire ; premier tirage des figures.

132. PINDER. Speculum passionis | domini nostri Jhesu Christi ; In quo relucent hec omnia sin | gulariter vere et absolute : puta, etc..., *Nuremberg* 1507 ; in-fol., d.-rel., vél.

Quarante grandes gravures de Schaufelein et trente-sept petites. Exemplaire superbe de conservation et d'épreuves, non lavé. Incomplet du feuillet V (A-6) et des trois derniers feuillets ; complet des figures.

133. PLUTARQUE. Le Vite di Plutarcho, vulgare, nouamente impresse et historiate (In fine) : *Impressa in Venetia per Georgio de Rusconi et Nicolo Zopino e Vincenzo, nel* M. D. XVIII (1518). — La seconda et ultima parte delle vite di Plutarcho.

MDXXV (1525), 2 part. en 2 vol., pet. in-4, fig.
s. bois, veau marb.

Ces deux volumes sont ornés de nombreuses figures sur bois,
et il est très rare de les trouver réunis. A la fin du second volume, 16 ff. non chiffrés contenant la vie de Brutus, qui manquent
à la plupart des exemplaires.

134. POMPA FUNEBRIS optimi potentiss. principis
Albertis Pii archiducis Austriæ, ducis Burg, Brab.
etc..., vera imaginibus a Jacobo Francquart ejusdem principis morientis vita, scriptore E. Puteano.
Bruxellæ, 1623 ; in-fol. obl., 64 pl. y compris le
front, d.-rel.

Exemplaire bien complet, contenant les 12 ff. de texte. Volume
curieux.

135. PORTRAITS DES BOURBONS. Recueil in-4, d.-rel.,
c. de R., non rog.

Exemplaire de Renouard en grand papier, contenant 48 pl.
de portraits avant la lettre et 3 pl. d'armoiries et vignettes.

136. PRIUILEGIA et indulgentie fratrum minorum
ordinis sancti Francisci. *S. l. n. d.*; pet. in-8, goth.,
de 32 ff. (le dernier blanc), cart.

Au titre, une très jolie figure sur bois au trait.

137. PROBUS. Valerii Probi grammatici de interpre-
tandis romanorum litteris opusculum feliciter incipit. (In fine) : *Impressum Venetiis p. Joannem de*

Tridino, anno domini, 1502 ; *die quarto februarii ;*
pet. in-4, dos et c. bas.

Une très jolie figure sur bois au verso du ff. D 2.

138. PROMENADES DE PARIS, ou collection de vues
pittoresques de ses jardins publics, etc., accom-
pagnée d'un texte historique et descriptif par
Durdent. Publiée par MM. Guérin et Schwartz :
Jardin des Tuileries, 4 pl. — Palais Royal, 4 pl.
Ens. 2 albums, in-4, obl., dos et c. de mar.

Aux armes de la duchesse de Berry.

139. ROSARIO della gloriosa Vergine Maria. Di
nuouo stampato, con nuoue et belle figure adornato. (*A la fin*) : *In Vinegia. Appresso Giouanni
Varisco* MLXXXV (1585), pet. in-8 de 252 ff.
chiff. et 3 ff. de table, d.-rel., bas.

Figures sur bois. Encadrements à chaque page. Mouillures et
petites piqûres de vers.

140. SAINTE BRIGITTE. Reuelationes sancte Birgitte,
(à la fin) : *Nurembergæ per ant Koberger... impressæ
anno Domini*, M. CCCCCXXI, (1521), *mensis
septembris* (21 septembre 1500), in-fol., fig. s. bois,
d.-rel., bas.

Livre très rare, incomplet des feuillets A.2, V.1.2 et 3 et C. 2.
(2e signature) ; l'exemplaire est grand de marges.

141. SALLUSTIUS. (In fine :) *Venetiis in ædibus Ioannis Tacuini de Tridino. Anno dni MD.XXXIV* (1534) *Die XXI. Ianu.* ; in-fol., fig. s. bois, cart.

Bel exemplaire avec de nombreux témoins. Encadrement au au titre et quinze bois ombrés spécialement gravés pour ce livre.

142. SALVATOR ROSA invenit. *A Paris, chez N. de Poilly* ; in-4, demi-rel. mar. r., avec coins. (*Trautz-Bauzonnet*).

Recueil de 60 estampes gravées à l'eau-forte et du premier tirage. Édition rare.

143. SAMBIN. Œuvre de la diversité des termes dont on use en architecture, reduict en ordre : par maistre Hugues Sambin, demeurant à Dijon. *A Lyon, par Jean Durant,* 1572 ; pet. in-fol., fig. s. bois, parch.

Livre très rare, malheureusement incomplet du 2e feuillet et fortement mouillé.

144. SAMBUCUS. Emblemata cum aliquot nummis antiqui operis, Joannis Sambuci Tirnaviensis Pannonii. *Antverpiæ ex officina Christophori Plantini,* 1564 ; in-8, interfolié de pap. bl., v. f. (*rel. angl.*)

Première édition ; exemplaire parfaitement conservé, interfolié de papier blanc ancien.

145. SAMBUCUS. Emblemata et aliquot nummi antiqui operis Joan Sambuci Tirnaviensis Pannonii.

Antuerpiæ, apud Ch. Plantinum, 1584 ; in-16 de 352 pag., fig. s. bois, v. f., dent. à fr., tr. dor.

Joli exemplaire d'une petite édition peu commune.

146. SANNAZAR. Arcadia del dignissimo homo messer Iacobo Sannazaro gentilhuomo Napolitano. (A la fin :) *Stampata in Venetia per Nicolo zopino e Vincentio compagno nel* 1521 ; in-12, fig. sur bois, vél.

Le titre est compris dans un encadrement gravé sur bois ; au verso une grande figure ombrée.

147. SAVONAROLE. Fratris Hieronymi Sauonarolæ Ferrariensis expositiones in psalmos. Nouissime cum textuum annotationibus omnia diligenter recognita. (In fine :) *Impressum Venetiis accurata diligentia per Cesarem Arriuabenum Venetum. Anno Christi* M.D.XVII (1517) ; in-8, cart.

Au titre une figure gravée sur bois représentant Savonarole écrivant dans sa cellule.

148. SCAPPI. Opera di M. Bartolomeo Scappi, cuoco secreto di Papa Pio V. Divisa in sei libri... col priuilegio del sommo Pontifice Papa Pio V et dell illustrissimo Senato Veneto per anni XX. *A la fin: In venetia. Appresso Michele Tamezino.* M.D.LXX. (1570) ; in-4 de 6 ff. lim. non chiff., 436 ff. chiff. et 8 ff. n. chiff., portr. et 27 pl. gr., vél. ant. à recouv.

Première édition rare. Voir VICAIRE, *Bibliographie gastrono-mique*, col. 772.

Le portrait est détaché de la reliure.

149. SCHOONHOVIUS. Emblemata Florentii Schoon-hovii I. C. Goudani. partim Moralia, partim etiam civilia. *Amstelodami, apud Joannem Jansso-nium*, 1648 ; pet. in-4, front. et 74 fig., vél. à recouv.

Bel exemplaire ; soixante-quatorze figures gravées sur cuivre.

150. SEXTUS DECRETALIUM liber a Bonifacio VIII, in concilio Lugdunensi editus (In fine :) *Venetiis impresse anno dni* M.CCCCC.XIIII (1514) *die XX maii* ; 5 part. en 1 gros vol. in-4, fig. s. bois, veau à empr. (*rel. anc.*)

Livre très rare, imprimé en rouge et noir et renfermant un grand nombre de figures ombrées gravées sur bois.

151. SEYSSEL (Cl. de). La grand monarchie de France, composée par Messire Claude de Seyssel lors euesque de Marseille et depuis archeuesque de Thurin. La loy salicque, premiere loy des Francoys. *Paris, Galliot du Pré*, 1541-40 ; 2 part. en un vol. in-8 de 12 ff. lim., 162 pag. et 1 feuillet pour la marque, fig. s. bois, v. f., fil., tr. dor. (*rel. anc. fatiguée*).

Jolies figures sur bois. Annotations manuscrites.

152. SIMIER. La République des Suisses, comprinse en deux livres, contenant le gouvernement de Suisse, l'estat public des treize cantons et de leurs confédérez, etc.... Descrite en latin par Josias Simier de Zurich et nouuellement mise en françois. Avec le pourtraict des villes des treize cantons. *Paris, Jacques du Puys,* 1579 ; in-8, v. f., tr. jasp.

Figures à mi-page, représentant les principales villes de Suisse.

153. SPHAERA MUNDI. (In fine) : *Impressum est Venetiis mandato et expensis nobilis viri Octauiani scoti ciuis modœtiensis anno salutis* M.CCCC.LXXXX (1490); pet. in-4, dem.-rel. vél.

Au verso du titre une très belle figure d'Uranie de la grandeur de la page, gravée sur bois au trait, nombreuses figures astronomiques dans le texte, belles initiales à fond noir et marque de l'imprimeur en rouge au dernier feuillet. Quelques mouillures.

154. SPIRITO (L). Libro de la ventura di Lorenzo Spirto con somma diligentia reuisto : et coretto et nouamente ristampato. *In Bressa, apresso Lodouico Britannico,* M. D. LVI (1556) ; pet. in-4, goth., nombreuses fig. s. bois, cart.

Édition recherchée du livre du Laurent l'Esperit.

155. STROZZI. Feste theatrali per la finta pazza drama del sig. Giulo Strozzi rappresentate nel piccolo borbone in Parigi quest anno M. DCXLV. Et da

Giacomo Torelli da Fano inuentore dedicate ad
Anna d'Austria Regina di Francia regnante, 1645;
in-fol. veau.

Ce volume renferme cinq grandes planches de Torelli, gravées
par N. Cochin et un titre gravé, présentant une vue du Louvre,
de la place Dauphine et du Pont-Neuf.

156. SYMÉON (Gabriel). Les illustres observations
antiques du seigneur Gabriel Syméon Florentin
en son dernier voyage d'Italie l'an 1557. *Lyon,
Jean de Tournes*, 1558 ; in-4 de 8ff. prél. 134 p.
chif., v. br.

Les pages 119 et 120 sont déreliées. Nombreuses figures gravées sur bois.

157. TABLEAUX de l'habillement, des mœurs et des
coutumes da République Batave, au commence-
meut du XIXᵉ siècle. *Chez Maaskamp à Amsterdam, s. d.* ; in-4, dos et c. de v. f.

Texte français et hollandais. Frontispice et 20 planches très
bien coloriées.

158. TASSE (Le). Aminta favola Boschereccia del S.
Torquato Tasso. Di nouo correta et di vaghe fig.
adornata. *In Venetia*, 1583 ; *Presso. Aldo* ; pet.
in-12 de 92 pp., fig. s. bois, cart.

Petite édition rare, ornée de jolies figures gravées sur bois ;
exemplaire court de marges.

159. TESTAMENTI NOVI. *Apud S. Gryphium Lugduni*, 1555 ; in-16 parch.

Édition rare, ornée de nombreuses figures sur bois.

160. THOMAS DE AQUINO. Diui Thome de Aquino ordinis predicatorum commentaria in omnes epistolas beati Pauli apostoli : gloriosissimi gentium doctoris, profundiosa theologie accurate dilucidantia. *(In fine): Finit explanatio sancti Thome de aquino... Caracteribus Michaelis furter Basilee impressa : ductu vero et impensis Uolgang, Lachner. Anno a partui virginis salutifero. Millesimo quadringentesimo nonogesimo quinto* (1495); in-fol. goth. à 2 col. v., br. (Mouillures).

161. TOUR (The) of doctor Syntax through London, or the pleasures and miseries of the metropolis. A Poem. *London Published by J. Johnston,* 1820 ; in-8, fig. en couleur, dos et c. de veau vert.

Frontispice ; titre et dix-huit figures.

162. VALÉES SERNAY. Histoire des Albigeois et gestes de noble Simon de Monfort descripte par F. Pierre des Valées Sernay, Moine de l'ordre de Cisteaux, rendue de latin en francois par Arnaud Sorbin, P. du Montech, docteur en theologie et predicateur du Roy. *A Tolose,* 1568 ; in-8, parch.

Exemplaire à toutes marges d'un livre fort rare.

163. **VALÈRE MAXIME.** Marci Valerii epigrammata libri XIIII. Una cum commentariis Bomitii Chalderini ꞇ Georgii Merule : ꞇ cum figuris suis locis appositis, etc. (In fine :) *Impressum Venetiis per Georgium de Rusconibus mediolanensem anno dni.* M. D. XIIII, (1514). *Die y decembris* ; in-fol., titre grav., fig. s. bois, cart., vél.

Bel exemplaire, sauf une légère mouillure au titre. Le titre est dans un encadrement gravé sur bois et renferme une gravure sur bois représentant saint Georges perçant le dragon de sa lance ; au verso du feuillet VII, très bel encadrement à fond noir au milieu duquel un grand bois ombré. Le volume renferme encore quinze autres bois.

164. **VALLO.** Libro continente appartinente à Capitanii, retenere et fortificare una citta con bastioni, con noui artificii de suo aggionti, etc. (In fine : *Stampata in Vineggia per Wettor q Piero Rauano della serena et compagni nel anno del signore* M.D.XXXV (1535) ; pet. in-8, titre gravé, fig. s. bois, vél. bl.

Nombreuses figures dans le texte et joli encadrement sur bois au titre portant dans le bas le nom du graveur *Eustachius (Celebrinus)*.

165. **VALTURIUS.** En tibi lector Robertum Valturium ad illustrem Heroa Sigismundum Pandulphum Malatestam Ariminensium regem, de re militari libri XII. Multo emaculatius... *Parisiis. Apud*

Christianum Wechelum. M. D. XXXV, (1535) ; in-fol., fig. s. bois, d.-rel. chag. vert., tr. r.

Jolies figures gravées sur bois au trait ; trois figures portent la marque de Jollat, graveur.
Édition rare.

166. VEGECE. Fl. Vegetii Renati viri illustris de re militari libri quatuor. Sexti Iulii Frontini viri consularis de Strategematis libri totidem. *Lutetiæ, apud Christianum Wechelum, anno* M.D.XXXII (1532) ; figures sur bois. — En tibi lector Robertum Valturium ad illustrem Heroa Sigismundum Pandulphum Malatestam Ariminensium regem, de re militari libri xii. *Parisiis, apud Christianum Wechelum,* M.D.XXXIIII (1534) ; fig. sur bois, 2 part. en 1 vol. in-fol., veau violet, tr. jaspées.

Ces deux volumes sont ornés de nombreuses et curieuses figures sur bois.

167. VEGECE Fl. Vegetii Renati Viri illustris de re militari libi quatuor. Sexti Iulii Frontini viri consularis de strategematis libi totidem. Æliani de instruendis aciebus liber unus. Modesti de vocabulis rei militaris liber unus. *Parisiis, apud Carolum Perier,* 1553 ; in-fol., fig. s. bois., parch.

168. VEGÈCE. Flavi Vegeti Renati, viri ill. De re militari libi quatuor. *Lugduni Batavorum, ex offi-*

cina Plantiniana, 1592. — Godescalci Stevechii commentarius ad Flavi Vegeti Renati, de re militari libros. *Lugd. Batav. ex officiua plantiniana,* 1592 ; fig. s. bois, 2 part. en 1 vol. in-8, parchem. à recouv.

Bel exemplaire ; nombreuses figures gravées sur bois.

169. VERDIZOTTI. Cento fauole morali, de i piu illustri antichi et moderni autori Greci et Latini, scielte et trattate in varie maniere di versi volgari da M. Gio Mario Verdizotti. *In Venetia, appresso Alessandro de Vecchi.* M.D.I.C., (1599) ; pet. in-4, fig. s. bois, dos et c. de vél.

Jolies figures sur bois gravées par Verdizotti ; quelques-unes sont dessinées par Le Titien.

170. VERGERIO. Ordo eligendi pontificis, et ratio. — De ordinatione et consecratione ejusdem. — De processione ad ecclesiam Lateranensem. — De solenni convivio, quo cardinales, episcopos atque alios excipit. — Tum de Pallio de corpore beati Petri sumpto, in quo est plenitudo pontificalis officii — Omnia excerpta verbum verbo ex libro cui titulus, s. Ro. ecclesiæ cerimoniarum libri sex, qui in vaticanâ secretiore bibliothecâ, magnâ religione et reverentiâ conservatur (Edita à P.-P. Vergerio). *Tubingæ,* 1556; in-4 de 39 ff. non chiff., sign. A.-K., fig. s. b., br.

Livre rare et non cité. Au verso du ff. A-4, curieuse figure gravée sur bois, représentant l'accouchement de la papesse Jeanne.

171. VERRIEN. Recueil d'emblèmes, devises, medailles et figures hiéroglyphiques, au nombre de plus de douze cents, avec leurs explications, compagné de plus de deux mille chiffres fleuronnez, etc... *Paris, Cl. Jombert,* 1724 ; in-8, portr. et fig., v. marbr., tr. r.

172. VIRGILE. Aeneis Vergiliana cum Seruij Honorati grammatici huberrimis commentariis : cum Philippi Beroaldi viri clarissimi doctissimis in eosdem annotationibus suis locis positis... (In fine :) *Excussit Lugduni et in officina sua literatoria Jacobus Sacon : Impensas autem protulit bibliopoliarum optimus Ciriacus Hoclsperg. Anno a Virginis partu.* M. D.XVII (1517) ; in-fol., d.-rel., v. f.

Nombreuses figures sur bois.

173. VITE ducentorum et triginta summorum pontificum : a beato petro apostolo usq. ad Julium secundum modernum pontificem ; goth., fig. s. bois sur le titre. — Cronologia de Sommi Pontefici. Che contiene le effigii nomi, e patri loro... *In Roma appresso Girolamo Discepolo,* 1608; portr. s. bois. — Sommario delle vite de Gl'Im-

peradori Romani, cavato dalle istorie antiche et moderne... *In Roma. Per Luigi Zannetti,* 1606 ; portr. s. bois, ens. 3 part. en 1 vol. pet. in-4, parch.

174. VITRUVE. Architecture ou art de bien bâtir, de Marc Vitruve Pollion, autheur romain antique, mis de latin en françoys par Jean Martin, secre-taire de Monseigneur le Cardinal de Lenoncourt pour le roy très chrestien Henry II. *A Paris, de l'imp. de Hierosme de Marnef et Guillaume Cavellat,* 1572 ; in-fol. de 351 pp., fig. s. bois, vél.

Bon exemplaire, sauf un raccommodage au titre.

175. VUES de Munich, Nymphenbourg, Nuremberg, etc... ; in-4 obl., v. br. (*rel. anc.*)

Deux titres et cinquante-quatre planches réprésentant des vues de châteaux, jardins et villes, gravées par Wolff, Aug. Corvinus, d'après Mathieu Disel.

176. WATTS. The seats of the Nobility and Gentry. In a collection of the most interesting et pictu-resque. Views, engraved by W. Watts, from drawings by the most eminent artists, with des-criptions of each view. *Published by W. Watts,* 1779 ; in-4 obl. veau rac., dent. (*Rel. anc.*)

84 planches gravées.

177. WIERX (Hieronymus). Passio domini nostri Jesu Christi ; in-8 réglé, mar. brun jans., tr. dor. (*Chambolle*).

Jolie suite fort rare, très finement gravée, composée de dix-sept planches et d'un titre.

Châteaudun, Imp. J. PIGELET.

ÉTUDE

SUR LE

SONGE DE POLIPHILE

Venise 1499 et 1545 — Paris 1546-1883

AVEC GRAVURES SUR BOIS

PAR CHARLES EPHRUSSI

Grand in-8 de 102 pages, tiré à très petit nombre.

Prix. . . . 4 fr.

ESSAI BIBLIOGRAPHIQUE

SUR LES DIFFÉRENTES ÉDITIONS DES

ŒUVRES D'OVIDE

Ornées de planches

PUBLIÉES AUX XVe ET XVIe SIÈCLES

PAR

M. GEORGES DUPLESSIS

Conservateur du département des estampes de la Bibliothèque Nationale.

Grand in-8, tiré à très petit nombre. . 4 fr.